Un dibujo especial

por Kim Fields

ilustrado por Linda Howard Bittner

Scott Foresman
is an imprint of

Glenview, Illinois • Boston, Massachusetts • Chandler, Arizona
Upper Saddle River, New Jersey

Every effort has been made to secure permission and provide appropriate credit for photographic material. The publisher deeply regrets any omission and pledges to correct errors called to its attention in subsequent editions.

Unless otherwise acknowledged, all photographs are the property of Pearson.

Photo locations denoted as follows: Top (T), Center (C), Bottom (B), Left (L), Right (R), Background (Bkgd).

Illustrations by Linda Howard Bittner.

16 ©Mark Wilson/Getty Images.

ISBN 13: 978-0-328-53581-1
ISBN 10:   0-328-53581-8

Copyright © by Pearson Education, Inc., or its affiliates. All rights reserved. Printed in the United States of America. This publication is protected by copyright, and permission should be obtained from the publisher prior to any prohibited reproduction, storage in a retrieval system, or transmission in any form or by any means, electronic, mechanical, photocopying, recording, or likewise. For information regarding permissions, write to Pearson Curriculum Rights & Permissions, One Lake Street, Upper Saddle River, New Jersey 07458.

Pearson® is a trademark, in the U.S. and/or other countries, of Pearson plc or its affiliates.

Scott Foresman® is a trademark, in the U.S. and/or other countries, of Pearson Education, Inc., or its affiliates.

2 3 4 5 6 7 8 9 10 V0N4 13 12 11 10

Un día la clase de tercer grado de Sue decidió hacer un mural para la pared. Querían hacer un bosque. Cada estudiante trató de dibujar un árbol para el bosque. Pero había un problema, un gran problema.

—¡No sabemos cómo dibujar árboles! —dijo Amy.

Todo lo que sabía dibujar era una línea verde ondulada.

—Yo puedo ayudarte —dijo Sue.

A Sue le encantaba dibujar árboles.

—¡Eres la mejor artista! —dijo Amy.

—¿Qué es *eso*? —preguntó Nat, señalando el dibujo de Sue.

—Es un árbol —dijo Sue.

Nat negó con la cabeza.

—Los árboles parecen paletas verdes —dijo Nat—. Lo que dibujaste *no* es un árbol.

Sue estaba muy triste.

—Trabajé duro para dibujar este árbol —dijo—. Conozco su origen. Son unos árboles locales. Crecen por todo el estado. Practico mucho dibujando porque lo quiero hacer bien.

—Bueno, pues lo hiciste *mal* —dijo Nat.

Amy miró el árbol realista de Sue. Luego miró el dibujo de la paleta verde de Nat.

—Nat —dijo al fin—, ¿me enseñarás a dibujar árboles?

—¡Claro! —dijo Nat.

Le enseñó a Amy cómo dibujar un círculo verde.

—Ésas son las hojas —dijo.

Luego dibujó una línea recta color café.

—Ése es el tronco —dijo Nat.

—¡Genial! —dijo Amy.

De repente todos los otros niños también querían dibujar paletas verdes.

Sue se sintió triste. Trató de encontrar algo agradable para decir acerca de los otros dibujos.

—Son paletas verdes muy lindas —dijo.

Pero nadie dijo nada agradable acerca de su dibujo.

Nat negó con la cabeza al mirar el dibujo de Sue.

—Si vamos a hacer un bosque, todos los árboles deben parecerse —dijo—. Dibuja paletas verdes, Sue.

Sue comenzó a hacer una paleta. Luego, dejó su marcador. No sabía dibujarla.

Cuando sonó el timbre, todos corrieron hacia el patio. Sue se quedó a trabajar en su dibujo. No tenía ganas de estar con sus compañeros. El maestro de Sue, el señor Martínez, vio su expresión triste.

—Ese árbol está muy bien —anima a Sue.

—Los demás niños no piensan lo mismo —dijo Sue—. Quieren que dibuje como ellos.

—¿Quieres dibujar árboles como paletas? —preguntó el señor Martínez.

Sue negó con la cabeza.

—Entonces no lo hagas —dijo—. A algunas personas les resulta más fácil dibujar un árbol como si fuera una paleta. Y a veces los niños quieren hacer lo que hacen los demás. Se dejan llevar por las presiones sociales. Pero eso no significa que tú debas hacer lo mismo —añadió el señor Martínez.

—Sé dibujar todo tipo de árboles —dijo Sue—. Sé dibujar uno que se parezca a un pulpo. Y uno que se parezca a un mono. ¡Y también sé dibujar uno que se parezca a un hermoso árbol de verdad!

Sue continuó dibujando durante el resto del recreo. No pensaba en lo que los otros niños iban a decir. Pensaba solamente en lo feliz que era dibujando.

La clase volvió del recreo.

—¿Hiciste un árbol que se parece a una paleta? —preguntó Nat.

Sue les mostró sus dibujos.

La clase vio el árbol que se parecía a un mono. Vieron el árbol que parecía un pulpo. Y luego vieron el árbol que simplemente se parecía a un árbol.

—¡Caramba! —exclamó Amy—. ¡Están muy bien!

El señor Martínez sostuvo el primer dibujo de Amy, el que era una línea ondulada.

—Éste es bueno también —dijo, tratando de apoyarlos—. No hay una manera correcta de hacerlo. Dibujen lo que sienten. No dibujen lo que los demás les digan que dibujen. En nuestro estado hay muchos tipos de árboles —continuó—. Algunos son locales, y otros fueron plantados por inmigrantes que se establecieron aquí.

Nat tomó los dibujos de Sue.

—Entonces nuestro bosque puede tener todo tipo de árboles —dijo—. No todos tienen que parecer paletas.

Sue tomó el dibujo de la línea ondulada que había hecho Amy.

—Tampoco tienen que parecer árboles reales —dijo.

Esa tarde, la clase puso sus dibujos en el tablero de avisos. Había árboles como paletas y árboles como monos. Estaba el árbol de Amy en forma de línea ondulada. Y en el centro había un árbol especial. Era el árbol de Sue, el que se parecía a un árbol de verdad, era un árbol local.

Libertad de expresión

Libertad de expresión significa que podemos expresarnos de muchas maneras diferentes. Tenemos libertad de escribir libros que expresen lo que sentimos. Podemos hacer películas que cuenten historias que queremos contar. Podemos crear canciones y cuadros que son importantes para nosotros. No importa lo que otros piensen acerca de nuestras creaciones. Lo que importa es lo que nosotros pensamos y cómo nos hacen sentir nuestras creaciones.